ACTIVITÉS USBORNE

RECETTES DE NOËL

Rebecca Gilpin et Catherine Atkinson

Rédaction : Fiona Watt

Maquette : Amanda Gulliver

Sous la direction de : Mary Cartwright

Photographies : Howard Allman

Illustrations : Kim Lane et Sue Stitt

Avec nos remerciements à Katrina Fearn et Brian Voakes

Pour l'édition française :

Traduction : Véronique Dreyfus

Rédaction : Renée Chaspoul et Nick Stellmacher

Sommaire

Petits sapins de Noël

Pour 10 arbres et 16 cadeaux, il te faut :
275 g de farine à gâteau (levure incorporée)
225 g de margarine
4 c. à soupe de lait
1 c. à café rase de levure chimique
225 g de sucre en poudre
2 à 3 gouttes d'essence de vanille
4 œufs de calibre moyen

Pour le glaçage au beurre :
75 g de beurre ramolli
175 g de sucre glace
2 c. à café de jus de citron
des colorants alimentaires

Tu pourrais disposer les cadeaux autour des sapins.

Avant toute chose, préchauffe le four à 180 °C, thermostat 4.

Utilise un moule allant au four.

Huile avec du papier absorbant.

1. Trace le contour du moule sur du papier sulfurisé, découpe. Huile le moule, chemise-le avec le papier et huile-le aussi.

2. Tamise la farine au-dessus d'un saladier. Incorpore la margarine, le lait, la levure, le sucre et l'essence de vanille.

Sers-toi d'une cuillère en bois.

3. Casse les œufs dans un bol. Bats-les à la fourchette, puis ajoute-les à la préparation. Mélange bien le tout.

Des biscuits ou des barres au chocolat feront de parfaits troncs pour les sapins.

Le gâteau doit rester moelleux.

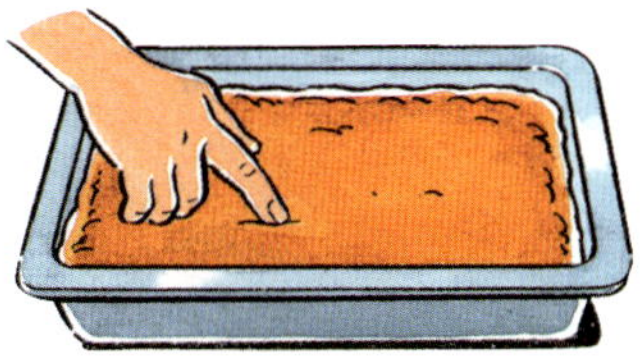

4. Verse ta préparation dans le moule et lisse la surface. Mets au four 40 à 45 minutes. Le centre doit être moelleux.

5. Laisse refroidir avant de démouler. Bats le beurre dans un saladier avec une cuillère en bois. Il doit devenir crémeux.

6. Tamise le sucre glace et ajoute-le petit à petit, ainsi que le jus de citron. Verse les trois quarts du glaçage dans un bol.

Couleur plus foncée : ajoute du colorant goutte par goutte.

Ces cubes deviendront les cadeaux.

7. Ajoute du colorant vert. Répartis le reste du glaçage dans trois autres bols. Colore avec des coloris différents.

8. Découpe une bande de gâteau de 7 cm de large à un bout. Fais 16 petits carrés. Partage le gâteau en deux dans la longueur.

9. Coupe 10 triangles. Recouvre de glaçage vert. Glace les cadeaux avec les autres coloris. Décore avec des bonbons.

Décore les sapins avec des bonbons.

Souris à la noix de coco

Pour 8 grosses souris, 5 de taille moyenne
et 3 petites, il te faut :
250 g de sucre glace tamisé
200 g de lait concentré sucré
175 g de noix de coco râpée
du colorant alimentaire rouge
des bonbons en guise d'oreilles
des billes de sucre argentées
des fils de réglisse

1. Mélange le sucre glace et le lait concentré dans un saladier. Incorpore la noix de coco, puis répartis la préparation dans deux bols.

2. Verse un peu de colorant rouge dans chaque bol, puis mélange bien. Ajoute quelques gouttes de plus dans un des bols.

Pour faire une petite souris, sers-toi d'une cuillère à café.

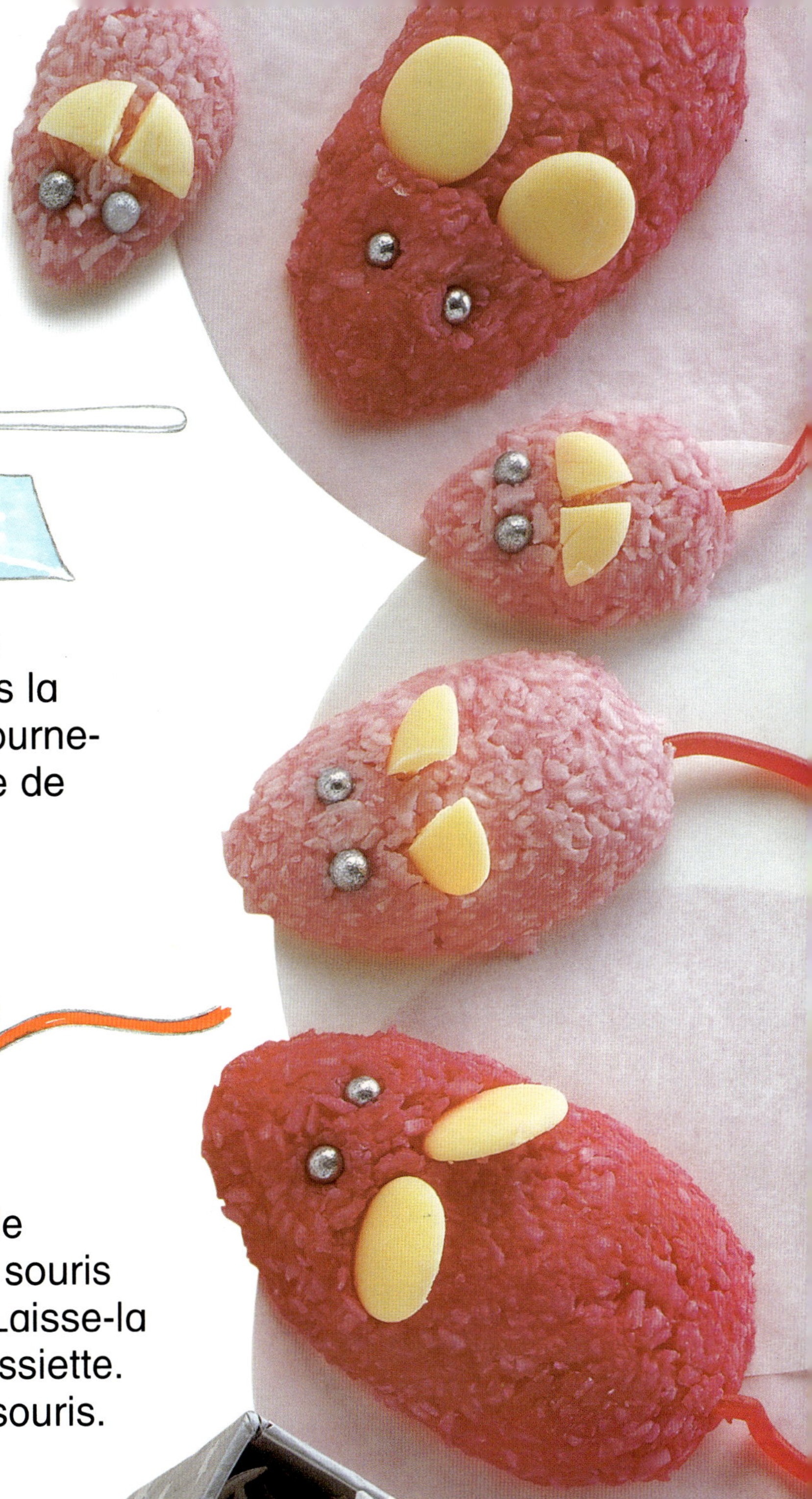

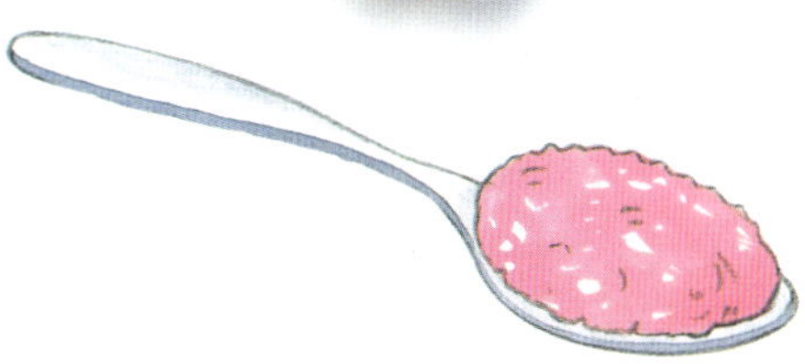

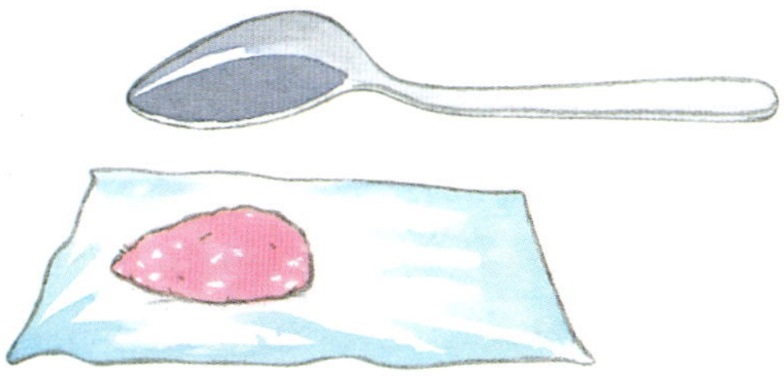

3. Trempe une cuillère à soupe dans de l'eau. Lorsqu'elle ne goutte plus, prends une cuillerée bien pleine de la préparation.

4. Tasse bien la préparation dans la cuillère puis retourne-la sur une feuille de cellophane.

5. Pince le côté le plus étroit pour faire le museau. Ajoute des bonbons pour les oreilles et des billes argentées pour les yeux.

6. Glisse un fil de réglisse sous la souris pour la queue. Laisse-la durcir sur une assiette. Fais les autres souris.

Pour une souris moyenne, utilise une cuillère à dessert.

Étoiles de Noël au fromage

Pour environ 25 étoiles, il te faut :
150 g de farine à gâteau (levure incorporée)
½ c. à café de sel
75 g de beurre ou de margarine
75 g de fromage finement râpé
1 œuf battu avec une c. à soupe de lait
un emporte-pièce en forme d'étoile
une plaque à four huilée

Avant de commencer, préchauffe le four à 200 °C, thermostat 6.

1. Tamise farine et sel. Ajoute la margarine ou le beurre et écrase le tout du bout des doigts pour obtenir des grains fins.

2. Mets de côté une cuillerée à soupe de fromage râpé. Ajoute le reste du fromage à la farine et mélange bien.

3. Réserve une cuillerée à soupe de l'œuf battu dans une tasse. Incorpore le reste à la préparation pour faire la pâte.

Sers-toi d'un rouleau à pâtisserie.

4. Farine un plan de travail propre, puis étale la pâte au rouleau. Elle doit être légèrement plus fine que ton petit doigt.

5. Découpe des étoiles très rapprochées avec l'emporte-pièce. Roule le reste de la pâte en boule, puis étale-la de nouveau.

Sers-toi d'un pinceau à pâtisserie

6. Découpe d'autres étoiles. Badigeonne les biscuits avec le reste d'œuf battu, puis saupoudre-les avec le reste de fromage râpé.

7. Dispose les étoiles sur une plaque à four huilée. Mets-les à cuire au four 8 à 10 minutes. Elles doivent être dorées.

Ces étoiles sont délicieuses lorsqu'elles sont chaudes.

Caramels mous au chocolat

Pour 36 caramels, il te faut :
75 g de fromage frais à 40 % de matières grasses
350 g de sucre glace
1 c. à soupe rase de chocolat en poudre
1 c. à café d'huile pour graisser le moule
75 g de pastilles de chocolat noir
40 g de beurre
un moule carré peu profond de 15 cm de côté
du papier sulfurisé

Tu trouveras page 30 des indications pour envelopper les caramels.

1. Verse le fromage blanc dans un saladier. Ajoute le sucre glace et le chocolat tamisés. Mélange bien.

Trace le contour du moule au crayon.

2. Pose le moule sur du papier sulfurisé et dessines-en le contour. Découpe le papier juste à l'intérieur du tracé.

3. Huile le moule avec du papier absorbant. Puis ajuste le rectangle découpé au fond du plat et huile-le également.

4. Fais fondre chocolat et beurre (voir étapes 1 à 3 page 20). Puis incorpore une cuillerée à soupe du fromage blanc.

5. Verse ensuite le chocolat dans le bol de fromage blanc. Bats à la cuillère de façon à obtenir un mélange crémeux.

6. Verse ce mélange dans le moule et étale-le bien dans les coins. Le gâteau doit être le plus plat possible.

7. Lisse la surface avec le dos de la cuillère. Mets le moule deux heures au réfrigérateur, le caramel doit être ferme.

8. Décolle les bords du gâteau avec un couteau à bout arrondi et retourne-le sur une grande assiette. Retire le papier.

9. Découpe le caramel en petits carrés. Remets l'assiette au réfrigérateur deux heures, le temps de faire durcir.

Tartelettes feuilletées

Pour une douzaine de tartes, il te faut :
4 pommes
3 c. à soupe de jus d'orange ou d'eau froide
50 g de raisins secs
2 c. à café de sucre en poudre
½ c. à café de cannelle en poudre
100 g de feuilles de brick (environ 6)
50 g de beurre
2 c. à café de sucre glace
un moule pour douze tartelettes

Préchauffe le four à 190 °C, thermostat 5, avant de commencer.

Il te faudra peut-être demander de l'aide.

1. Épluche les pommes, coupe-les en quartiers pour retirer le trognon, puis découpe-les en dés. Mets dans une casserole.

Remets le couvercle après avoir remué les pommes.

2. Ajoute le jus d'orange ou l'eau. Couvre. Laisse cuire environ 20 minutes à feu doux en remuant de temps en temps.

N'oublie pas de remuer souvent.

3. En fin de cuisson, ajoute les raisins, le sucre en poudre et la cannelle. Fais cuire encore 5 minutes.

Conserve les six feuilles ensemble.

4. Retire la casserole du feu. Déballe les feuilles de brick. Découpe-les en six carrés, puis recouvre-les de film cellophane.

Sers-toi d'un pinceau à pâtisserie.

5. Fais fondre le beurre à feu doux dans une casserole. Badigeonne un carré de pâte avec un peu de beurre fondu.

6. Pose la pâte dans un rond du moule, côté beurré vers le haut. Enfonce doucement dans le creux. Beurre un autre carré.

Décale légèrement les feuilles pour obtenir une étoile.

7. Pose ce carré sur le précédent en le décalant légèrement. Ajoutes-en un troisième. Procède ainsi pour tous les creux.

8. Enfourne le plat à mi-hauteur et laisse cuire 10 minutes. Sors-le et laisse refroidir les fonds de tarte 5 minutes.

Les pommes réchauffées bouillonnent légèrement.

9. Retire les fonds de tarte du moule et mets-les dans une grande assiette. Fais réchauffer les pommes 2 minutes.

Mange ces tartelettes chaudes ou froides.

10. Remplis les fonds de tarte presque à ras bord avec la compote de pommes. Saupoudre de sucre glace.

Biscuits multicolores

Pour environ 15 biscuits, il te faut :
50 g de sucre glace
75 g de margarine
1 gros jaune d'œuf
de l'essence de vanille
150 g de farine
du film alimentaire
divers grands emporte-pièce
une plaque à four huilée

Décoration des biscuits :
1 jaune d'œuf
quelques colorants alimentaires

Avant toute chose, préchauffe le four à 180 °C, thermostat 4.

Utilise une cuillère en bois.

1. Tamise le sucre glace dans un saladier. Ajoute la margarine et mélange bien pour obtenir une préparation lisse.

2. Incorpore le gros jaune œuf, puis ajoute quelques gouttes d'essence de vanille. Mélange bien.

3. Tamise maintenant la farine au-dessus du saladier. Secoue le tamis pour qu'elle soit bien fine.

4. Mélange la farine pour obtenir une pâte bien lisse. Emballe la pâte dans du film alimentaire et mets au congélateur.

Décore tes biscuits de toutes sortes de motifs.

La décoration des biscuits prend du temps. Tu peux congeler une partie de la pâte pour une autre occasion.

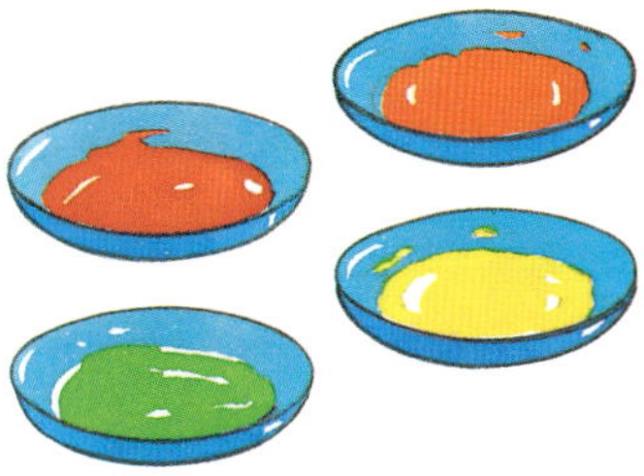

5. Bats le jaune d'œuf à la fourchette dans un bol et répartis-le dans des soucoupes. Ajoute du colorant dans chacune.

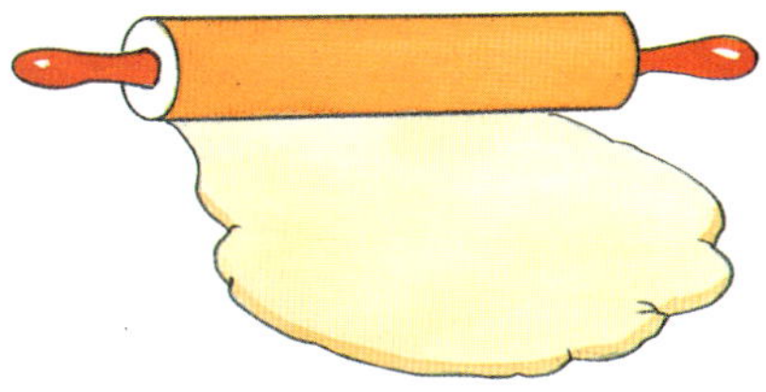

6. Sors la pâte du congélateur. Sur un plan de travail saupoudré de farine, étales-en la moitié sur 1 cm d'épaisseur.

7. Découpe les biscuits. Dépose-les sur la plaque avec une spatule. Fais une boule avec le restant de pâte, étale à nouveau.

8. Découpe d'autres pièces. Avec un pinceau propre, trempé dans du jaune d'œuf coloré, trace des motifs sur les biscuits.

9. Fais cuire les biscuits 10 à 12 minutes. Retire-les du four et laisse-les refroidir un peu avant de les poser sur une grille.

Tarte étoilée à la confiture

Pour cette tarte, il te faut :
350 g de pâte brisée
environ 2 c. à soupe de farine
6 c. à soupe bien pleines de confiture de framboise ou de fraise (sans graines)
1 c. à soupe de lait
un moule à tarte cannelé de 20 cm de diamètre
un petit emporte-pièce en forme d'étoile

Avant de commencer, préchauffe le four à 200 °C, thermostat 6.

Choisis le motif que tu veux. Les étoiles et les feuilles de houx donnent un air de fête de Noël.

1. Sors la pâte du réfrigérateur et laisse-la reposer 10 minutes. Saupoudre ton plan de travail de farine.

2. Coupe un quart de la pâte et enveloppe-la dans du film alimentaire. Saupoudre de farine le rouleau à pâtisserie.

Saupoudre chaque part de tarte de sucre glace et sers avec de la crème fraîche.

3. Étale les trois quarts de la pâte. Retourne-la et étale à nouveau. Fais un rond de 30 cm de diamètre environ.

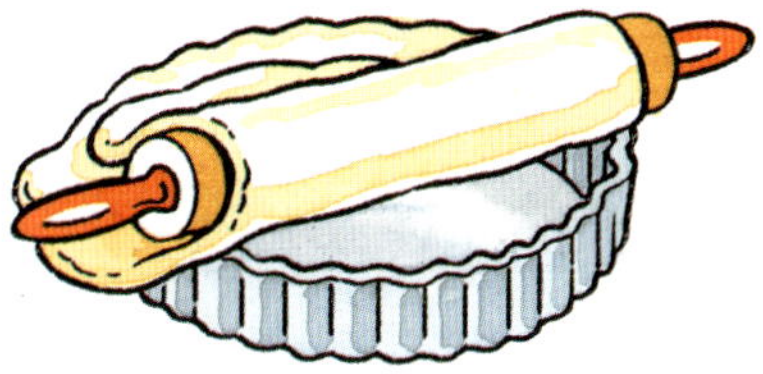

4. Enroule un côté de la pâte autour du rouleau à pâtisserie pour pouvoir la soulever. Centre la pâte sur le plat et déroule-la.

Sers-toi du rouleau à pâtisserie pour couper ce qui dépasse.

5. Passe le doigt dans la farine et enfonce bien la pâte sur le pourtour. Passe ensuite le rouleau sur le haut du plat à tarte.

6. Verse la confiture sur le fond de pâte. Étale-la avec le dos d'une cuillère. Étale ensuite le quart restant de pâte.

7. Avec l'emporte-pièce, découpe une douzaine d'étoiles. Badigeonne-les de lait, puis répartis-les sur la confiture.

La pâte doit être dorée.

8. Enfourne la tarte à la confiture et fais-la cuire 20 minutes. Sors-la alors du four et laisse refroidir avant de servir.

Fondants à la menthe

Pour environ 25 fondants, il te faut :
250 g de sucre glace
la moitié du blanc d'un petit œuf
1 c. à café d'essence de menthe
2 c. à café de jus de citron
du colorant alimentaire vert
un rouleau à pâtisserie
des petits emporte-pièce
une plaque à four recouverte
de film alimentaire

Dispose les fondants dans une boîte pour les offrir.

1. Tamise le sucre glace au-dessus d'un grand saladier. Fais un puits au milieu du sucre avec une cuillère.

2. Mélange le blanc d'œuf, l'essence de menthe et le jus de citron dans un petit bol. Verse dans le sucre.

3. Mélange avec un couteau à bout rond. Travaille la préparation avec les doigts jusqu'à obtenir une pâte lisse.

4. Répartis la pâte dans deux bols. Ajoute quelques gouttes de colorant vert dans l'un des deux.

5. Incorpore le colorant avec les doigts. Si la préparation est collante, ajoute encore un peu de sucre glace.

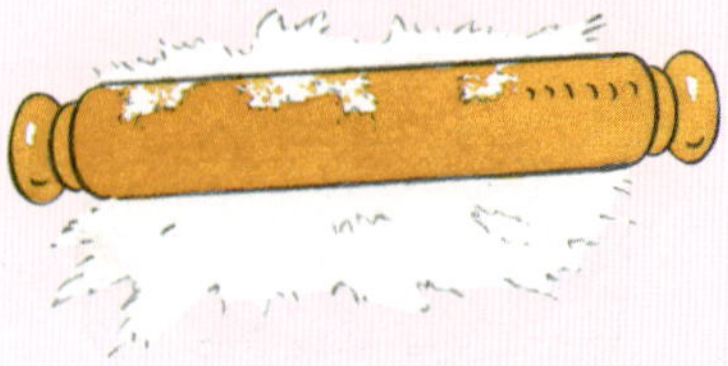

6. Saupoudre de sucre glace un plan de travail propre et le rouleau à pâtisserie. Cela empêche que la pâte ne colle.

Découpe les pièces près les unes des autres.

7. Étale la pâte verte. Elle doit faire l'épaisseur du petit doigt. Découpe plusieurs formes avec les emporte-pièce.

8. À l'aide d'un couteau à bout rond, dispose les bonbons sur la plaque. Étale la pâte blanche et découpe d'autres pièces.

9. Dispose également celles-ci sur la plaque. Laisse ensuite durcir les bonbons au moins une heure.

Petits sablés

Pour 8 sablés, il te faut :
du beurre pour le moule
150 g de farine
25 g de farine de riz ou de semoule de riz
100 g de beurre froid en morceaux
50 g de sucre en poudre
un moule à tarte de 20 cm de diamètre

Préchauffe le four à 150 °C, thermostat 2, avant de commencer.

1. Beurre le fond et le pourtour du moule avec une feuille de papier absorbant. Il doit être bien beurré.

2. Tamise la farine et la farine de riz au-dessus d'un grand saladier. Ajoute ensuite le beurre coupé en morceaux.

3. Mélange le beurre de façon qu'il soit enrobé de farine. Émiette-le finement dans la farine avec les doigts.

4. Incorpore le sucre avec une cuillère en bois. Tiens le saladier d'une main et forme une boule de pâte de l'autre.

5. Enfonce la pâte dans le moule en appuyant avec les doigts. Égalise le dessus avec le dos d'une cuillère.

6. Dessine des motifs au bord et des petits trous au centre avec les dents d'une fourchette. Coupe 8 triangles dans la pâte.

Ces sablés font un cadeau original. *Tu trouveras des idées d'emballage aux pages 30-31.*

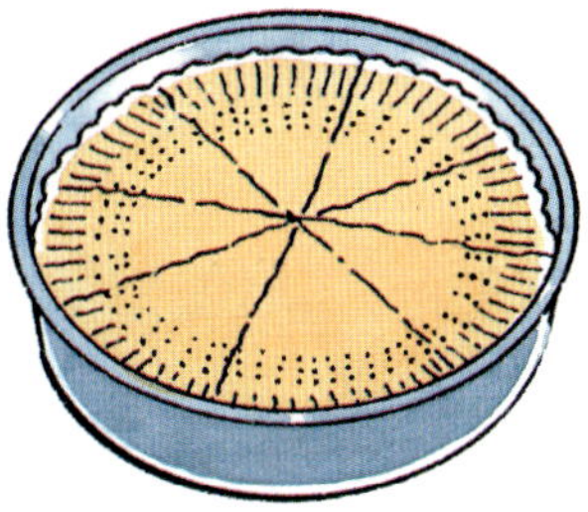

7. Fais dorer les sablés 30 minutes au four. Attends 10 minutes avant de les démouler sur une grille. Puis laisse-les refroidir.

Truffes en chocolat

Pour 10 truffes, il te faut :
100 g de pastilles de chocolat blanc ou noir
25 g de beurre
25 g de sucre glace
50 g de quatre-quarts émietté
2 c. à soupe de noix de coco râpée
2 c. à soupe de vermicelle au chocolat
des petits moules en papier

1. Verse 3 cm d'eau dans une casserole. Porte à ébullition, puis retire la casserole du feu. Étape suivante : le bain-marie.

2. Mets beurre et pastilles de chocolat dans un bol résistant à la chaleur et, avec des gants isolants, pose-le dans la casserole.

Demande de l'aide pour retirer le bol.

3. Mélange le beurre et le chocolat jusqu'à ce qu'ils aient fondu. Retire alors le bol de l'eau avec les gants isolants.

4. Verse le sucre glace dans le chocolat en le tamisant. Ajoute ensuite le gâteau émietté et mélange bien le tout.

Les truffes blanches sont enrobées de noix de coco râpée.

5. Laisse refroidir. Verse la noix de coco râpée dans une assiette et le vermicelle au chocolat dans une autre.

6. Une fois le mélange durci et épaissi, prends-en une cuillerée à café et enrobe de noix de coco ou de vermicelle.

Roule pour faire une petite boule.

7. Roule la cuillerée de chocolat pour l'enrober de vermicelle ou de noix de coco, puis mets-la dans un moule en papier.

8. Fais plusieurs truffes, puis dispose-les sur une grande assiette et laisse-les raffermir 30 minutes au réfrigérateur.

Étoiles colorées

Enfile des petits rubans dans les trous.

Pour 20 biscuits environ, il te faut :
50 g de sucre roux en poudre
50 g de beurre ramolli
1 petit œuf
115 g de farine
15 g de maïzena
1 c. à café de cannelle en poudre
des bonbons acidulés
une grosse paille
un grand emporte-pièce en forme d'étoile et
un petit, rond, un peu plus grand que les bonbons
une grande plaque à four recouverte de papier sulfurisé

Préchauffe le four à 180 °C, thermostat 4, avant de commencer.

1. Mélange bien le sucre roux et le beurre avec une cuillère en bois. Il ne doit pas y avoir de grumeaux.

2. Bats l'œuf à la fourchette, dans un autre bol. Le blanc et le jaune doivent être bien mélangés.

3. Incorpore petit à petit la moitié de l'œuf battu au mélange de sucre et de beurre. Tu n'as pas besoin de l'autre moitié.

4. Tamise la farine, la maïzena et la cannelle au-dessus d'un saladier. Mélange le tout avec une cuillère en bois.

5. Pétris le mélange avec les mains jusqu'à ce que tu obtiennes une pâte ferme. Fais-en une boule.

6. Farine un plan de travail propre. Étale la boule de pâte. Elle doit faire environ 5 mm d'épaisseur.

Si tu suspends les biscuits étoilés dans l'arbre de Noël, il ne faudra pas les manger ensuite.

7. Découpe plusieurs étoiles avec le grand emporte-pièce. Dispose-les sur la plaque à l'aide d'une spatule.

8. À l'aide de la paille, perce un trou dans chacune des étoiles, au sommet de l'une des pointes.

9. Avec l'emporte-pièce rond, découpe un cercle au milieu de chaque étoile. Il doit être un peu plus grand que le bonbon.

10. Fais une boule avec le restant de pâte et étale-la de nouveau. Découpe d'autres étoiles et ajoute-les sur la plaque.

11. Insère un bonbon dans le creux de chaque étoile, puis enfourne la plaque sur la grille du milieu.

12. Fais cuire 12 minutes. Sors ensuite la plaque du four et laisse refroidir les étoiles avant de les retirer du plat.

Bonshommes de neige

Pour plusieurs bonshommes de neige et cadeaux, il te faut :
250 g de pâte d'amandes blanche*
des colorants alimentaires vert, rouge et jaune
quelques cure-dents

Colorer la pâte d'amandes

1. Pose la pâte d'amandes dans une assiette. Coupe-la en quatre, puis répartis-la dans quatre bols.

2. Ajoute une goutte de colorant vert dans un des bols. Puis malaxe avec les doigts pour obtenir une couleur homogène.

3. Colore la pâte dans les deux autres bols, respectivement en rouge et en jaune. Laisse-la blanche dans le dernier.

Bonhomme de neige

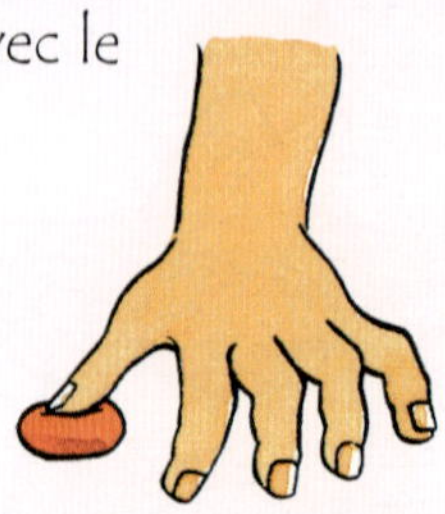

1. Roule une boule de pâte d'amandes blanche. Fais-en une deuxième plus petite et pose-la sur la première.

2. Roule une petite boule de pâte rouge. Aplatis-la, coiffes-en le bonhomme de neige. Pose une bille de pâte rouge en haut.

3. Roule un vermicelle de pâte rouge pour faire l'écharpe. Dessine les traits du visage avec un cure-dent.

* Attention, ne réalise cette recette que si tu es sûr de ne pas être allergique aux amandes.

Nappe un gâteau de glaçage au beurre (voir pages 2 et 3), puis dispose tes cadeaux et tes bonshommes de neige dessus.

Un cadeau

1. Roule une boule de pâte d'amandes rouge. Appuie doucement dessus avec le plat de la lame d'un couteau.

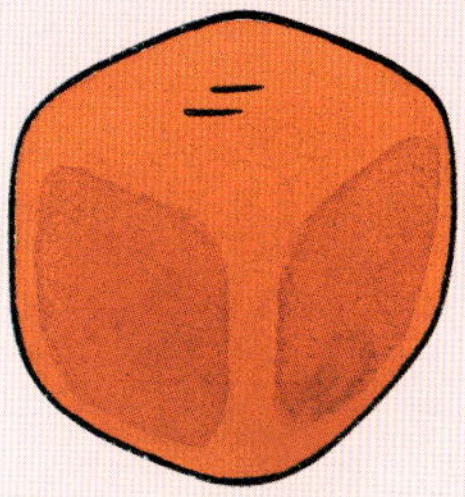

2. Retourne la boule et appuie à nouveau avec le couteau. Continue jusqu'à ce que tu aies obtenu un cube.

3. Roule ensuite de fins vermicelles de pâte verte. Entoures-en ton cadeau. Fais deux boucles au milieu en guise de nœud.

Cœurs au gingembre

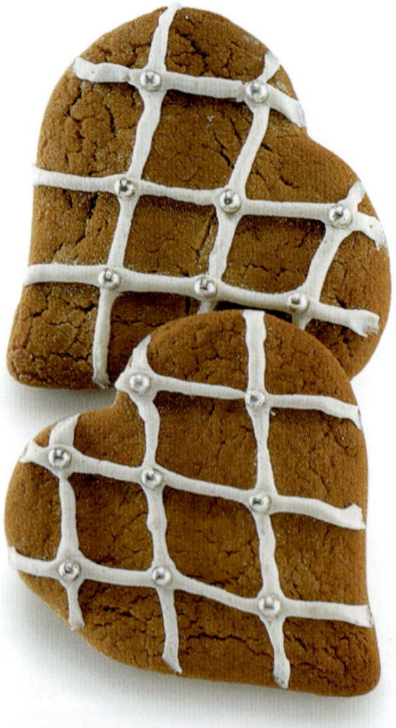

Pour environ 20 biscuits, il te faut :
350 g de farine
2 c. à café de gingembre en poudre
1 c. à café de bicarbonate de soude
175 g de sucre roux en poudre
100 g de beurre ou de margarine
coupé en morceaux
1 œuf moyen
4 c. à soupe de miel
une dose de glaçage blanc tout prêt
des billes de sucre argentées
un grand emporte-pièce en forme de cœur
deux grandes plaques à four beurrées

Avant de commencer, préchauffe le four à 190 °C, thermostat 5.

Pour offrir ces biscuits, emballe-les dans du papier crépon ou des paquets surprise en papier transparent.

1. Dans un saladier, tamise farine, gingembre et bicarbonate de soude. Ajoute les morceaux de beurre ou de margarine.

2. Écrase le beurre dans la farine avec les doigts. Le mélange doit avoir l'aspect de la chapelure. Incorpore le sucre.

3. Casse l'œuf dans un bol, ajoute le miel, puis bats avec une fourchette. Mélange la préparation avec la farine.

4. Travaille le tout à la cuillère pour faire une pâte. Farine ton plan de travail et pose la pâte dessus.

5. Étire la pâte en la repoussant avec les paumes. Plie-la en deux et recommence jusqu'à ce que la pâte soit lisse.

6. Ajoute un peu de farine sur le plan de travail. Coupe la pâte en deux. Étale une des moitiés sur 5 mm d'épaisseur.

7. Découpe des cœurs avec l'emporte-pièce adapté. Dépose les biscuits sur une plaque avec une spatule.

8. Fais une boule avec les restes de pâte, puis étale-la. Découpe d'autres cœurs, dispose-les sur les plaques et enfourne.

9. Fais cuire les biscuits 12 à 15 minutes. Ils doivent être bien dorés. Retire les plaques du four avec précaution.

10. Laisse les biscuits reposer 5 minutes sur les plaques. Mets-les ensuite à refroidir sur une grille.

11. Une fois que les biscuits sont froids, dessine des croisillons avec le glaçage, comme sur l'illustration.

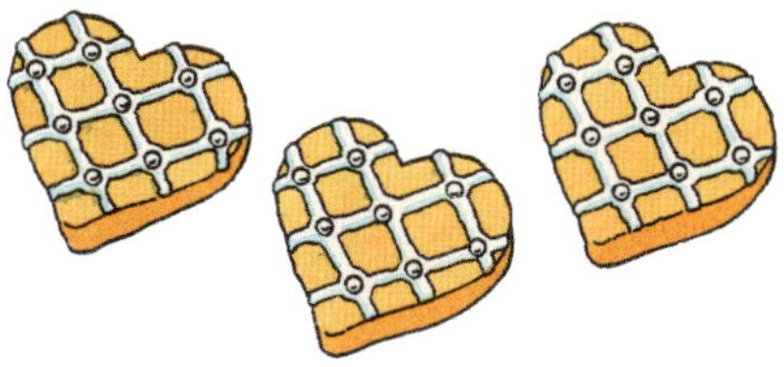

12. Laisse le glaçage durcir un peu, puis ajoute les billes argentées en sucre à l'intersection des croisillons.

Gâteaux de Noël

Pour 15 gâteaux, il te faut :
100 g de farine à gâteau (levure incorporée)
2 œufs moyens
100 g de margarine
100 g de sucre en poudre
des petits moules en papier
2 moules à petits fours, à douze trous
des petits bonbons décoratifs
Pour le glaçage au beurre :
75 g de beurre ou de margarine ramolli
175 g de sucre glace tamisé
2 c. à café de jus de citron ou
quelques gouttes d'essence de vanille

Avant de commencer, préchauffe le four à 190 °C, thermostat 5.

1. Casse les œufs dans un bol, puis tamise la farine au-dessus d'un saladier. Ajoute les œufs, la margarine et le sucre.

2. Mélange le tout avec une cuillère en bois. Continue jusqu'à obtenir une consistance lisse et crémeuse.

3. Dispose les moules en papier sur la plaque. Remplis-les à moitié en te servant d'une cuillère à soupe.

4. Fais cuire les gâteaux environ 20 minutes, puis sors-les du four avec précaution. Laisse-les refroidir sur une grille.

Mélange très vite.

5. Pour le glaçage, bats le beurre ou la margarine dans un bol jusqu'à ce que tu obtiennes une consistance crémeuse.

6. Verse une partie du sucre glace sur le beurre et mélange bien. Incorpore le reste du sucre glace, petit à petit.

7. Ajoute le jus de citron ou l'essence de vanille. Si le glaçage est trop épais, rajoute un peu plus de citron ou de vanille.

8. Nappe chaque petit gâteau avec le glaçage. Décore-les tous de façon différente avec les bonbons.

Dispose les gâteaux en forme de sapin de Noël.

Pour le tronc, utilise une barre de chocolat à l'aspect feuilleté.

Idées d'emballage

Paquets surprise

1. Découpe un carré dans du papier crépon ou du papier transparent. Place cinq à six biscuits au milieu.

2. Rassemble les quatre coins du carré. Resserre le papier au-dessus du cadeau et attache avec un ruban.

3. Décore le paquet cadeau avec de petits autocollants. Tu peux aussi utiliser deux feuilles de couleurs différentes.

Envelopper des bonbons

1. Découpe un carré de papier transparent légèrement plus grand que le bonbon. Pose le bonbon au centre.

Utilise un tout petit bout de ruban.

2. Enveloppe le bonbon et attache avec du ruban adhésif. Noue un ruban à chaque bout.

Des boîtes remplies de bonbons et de biscuits font de merveilleux cadeaux.

Boîtes

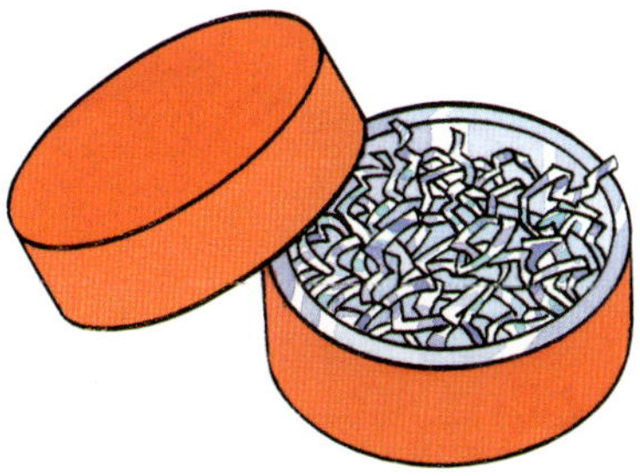

Peins l'intérieur d'une petite boîte de couleur argentée ou dorée. Une fois sèche, remplis-la de bandes de papier crépon.

Dispose deux rubans en croix sur le couvercle et fixe-les à l'intérieur avec de l'adhésif. Décore avec des autocollants.

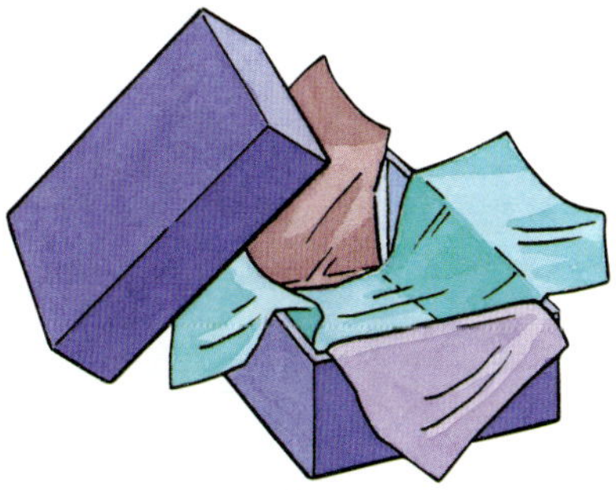

Découpe des carrés de papier crépon un peu plus grands que la boîte de couleurs différentes. Tapisses-en la boîte.

Tu trouveras des indications pour faire des étiquettes pour tes cadeaux à la page 32.

Étiquettes et rubans

Étiquette

1. Dessine une feuille de houx avec un crayon à la cire blanc ou une bougie. Peins la carte d'une couleur vive.

2. Découpe avec soin le contour de la feuille. Écris ton message au dos, puis scotche sur le cadeau par l'extrémité.

Faire friser le ruban

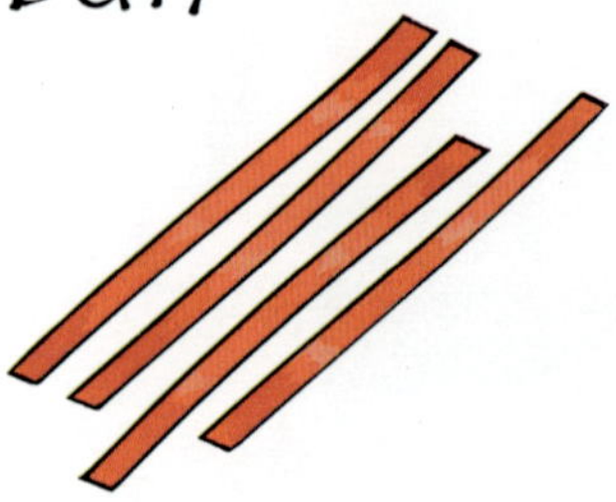

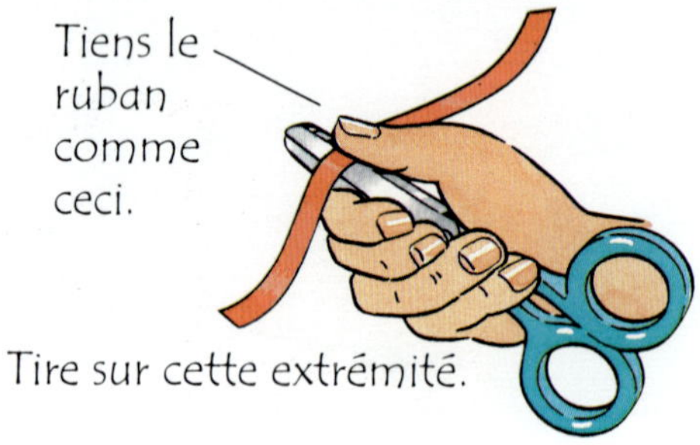

1. Coupe un morceau de bolduc de 25 cm de long. Fais-en plusieurs de la même longueur.

2. Tiens un morceau de ruban entre le pouce et la lame de ciseaux fermés. Tire fermement dessus.

3. Le ruban s'enroule sur lui-même. Frise les autres bouts et scotche-les au milieu de la boîte.